子どもが伸びる 関わりことば26

発達が気になる子へのことばかけ

(公社)発達協会 言語聴覚士
湯汲英史《ゆくみえいし》 著

すずき出版

はじめに

本書では、子どもの発達にとって大切な意味を持つ一群のことば――これをわたしは「関わりことば」と命名しました――についてお話ししたいと思います。この「関わりことば」という名称は、子どもとやりとりするうちに浮かんできたもので、今までにはなかったことばです。

「関わりことば」は、子どもに、人や物とどう向き合い、関わりを持っていけばよいのかを学ばせてくれます。同時に、わたしたち大人が子どもと接するときに、子どもとどう関わっていけばよいのかを教えてくれることばでもあります。本書では二十六の「関わりことば」を取り上げていますが、どれも子どものすこやかな発達にはなくてはならないことばであり、大人がつとめて子どもたちに語りかけていかなくてはならないことばでもあります。

発達の目的

子どもは人として完成された形で生まれてきません。未熟な状態で生まれ、まわりの人や物と関わるなかで、少しずつ発達していきます。この発達には二つの目的があるとされています。

一つは、世界への認識を深め、自分なりに考え判断できるようになることです。これを「自己形成」といいます。

もう一つは、自分なりに行った判断を、まわりに受け入れてもらえる形で表現できるようになることです。これを「社会化」といいます。

わたしはクリニックでセラピストとして働いています。クリニックで話す相手は、大半は発達になんらかの障害を持つ子どもです。なかには青年期を過ぎ、社会的不適応を抱えた人たちもいます。年齢的に見ると、乳幼児から、青年、成人までと、幅広い年代の人たちと関わっています。その付き合いも、長い人では四半世紀を優に超えるまでになりました。そうしたなかで、わたしは、たとえ発達になんらかの問題を抱える子どもでも、育つことの究極の目的は、「自分で考え、そして判断し、行動できるようになること」という確信を持つようになりました。

ただ発達に問題があると、ことばやコミュニケーションの力がスムーズに成長していきません。このために、まわりの大人には子どもの真意がわかりにくくなります。あわせて関わり方も、自信の持てない手探り状態となりがちです。これらが影響して、段階を踏みながら進む「自己形成」と「社会化」がときには歪《いびつ》なものになってしまいます。

関わり方が子どもの姿を変える

本文で詳しく紹介していきますが、人の話を座って聞けない子がいます。乱暴が目立つなど、自分の動きをコントロールできない子がいます。自分のしたいことができないと、気持ちを抑えられずに大騒ぎをする子がいます。人の気持ちがわからない、自分のことしか考えない、そう思える子がいます。

そういった子どもたちは、「社会性が幼い」と評されることもあります。要は年齢に合った社会性が育っていない、言い換えれば、年相応に、「自己形成」と「社会化」が進んでいないということです。

じつは、こうした子どもたちが、ADHD（注意欠陥・多動性障害）やLD（学習障害）、あるいはアスペルガー症候群など自閉的な傾向を持つ、発達に障害のある子と思われている場合があります。軽度の知的障害とされることもあります。

確かにそういう子がいるのも事実です。医療機関には、そういう子どもたちが受診してきます。ただ大人の関わり方も含め、育て方に問題があるために、社会性や物事への意欲が育っていない子がいるのも事実です。こういう子は、まわりの大人がことばかけをはじめとし、関わり方を変えるだけで状態がよくなっていきます。また、発達に問題を持つ子でも、関わり方を変えれば、良いほうに変化していきます。

教えるときに大切な「関わりことば」

発達に問題がある子は、ことばだけでなく、ときにあそびや運動、身のまわりのことにも遅れを見せがちです。その理由として、聴覚や視覚など感覚に特別な問題を持つ子がいることがわかってきました。また、ことばへの理解がスムーズにできず、あるいは人への関心が薄いために、物事への意欲が弱かったり、人との関わりが持てなかったりします。

こうした子どもに対して、今、なにをすればいいのか、どう関わっていったらいいのかを知りたくて、保護者の方や先生方がクリニックにおいでになります。わたしたちはそれぞれの子どもの発達診断の結果をもとに、ことばや運動、また身辺自律などについて現在の課題を伝えます。それとともに、その課題を指導していくことが、子どもの発達にとってどういう意味や役割を持つかについてもお話しします。

そのときに強調するのが、子どもに声かけをし、説明するときに使うべきことばです。それが、これから本書で紹介する一群の「関わりことば」です。それらのことばは、物事への新しい見方を子どもに教えてくれます。いわれたからやるのではなく、理解を深め、なにかに取り組む姿勢につながります。そのことが、子どもの関心や意欲を高めることにもなるのです。

急増する「気になる子どもたち」

二十年余、週に一度ですが保育園での巡回相談を担当してきました。十年ほど前からは、学童クラブの巡回も行っています。

この巡回相談ですが、本来は発達障害を持つ子が対象です。都内のある区では、障害のある子どもの受け入れは、一つの園でおおむね二人と決まっています。ところが最近では、発達相談としてあげられる子は、七人、八人ということが当たり前になってきました。障害を持つ子の倍、ときには三倍の人数です。子どもの定員は百二十名前後ですから、相談の対象がたとえば八名だと六％を超えることになります。

これは学童クラブも同じです。この七、八年は、乱暴など問題を持つ子たちの相談が急増しています。

ただ、これらの子どもたちすべてが、なんらかの発達障害を持つとはいえません。先にも述べましたが、発達に必要な栄養素を与える適切な関わりが少なかったのではないかと感じることが多々あります。それが、子どもの発達にさまざまな影響を与えているのです。

発達をうながす「関わりことば」

こうした経験を通して、今の時代だからこそ、発達に障害を持つ子ばかりではなく、健常児でも、子育ての際には「関わりことば」という視点が必要だと思うようになりました。

現代という時代が、以前はごく当たり前と思われていた事柄を見えにくくしているのかもしれません。また、親も含め大人が、子育てや指導にしっかりとした自信が持てないことも影響していると思います。あるいは大人が人や物との関わり方に混乱をきたしているのかもしれません。だから、以前は特別意識しなくともごく自然に子どもに伝えていた「関わりことば」が、今はあまり使われなくなっているのではないかと思います。大人の混乱、自信のなさが、「関わりことば」の大切な役割を見失わせ、気づけなくしています。

「関わりことば」は決して難しいことばではありません。しかし、子どもがなぜそのことばを使うようになるのか、それが子どもの成長とどう関係しているのか、また大人のことばかけが子どもの発達にどんな役割を果たすのかなど、「関わりことば」に含まれている意味にはとても深いものがあります。本書では、子どもをめぐるさまざまなエピソードを通して、「関わりことば」の意義や役割を伝えていきたいと思っています。本書を通じて子どもへの関わり方に自信が持てる大人が少しでも増えることを願っています。

（公社）発達協会　王子クリニック
言語聴覚士／精神保健福祉士　湯汲英史

子どもが伸びる 関わりことば26

発達が気になる子へのことばかけ

目次

はじめに

子どもが伸びる　関わりことば26

発達が気になる子へのことばかけ

関わりことば①

「そっと」

行動をコントロールする力を高めることば

「静の動作」が苦手な子

子どもが、音を立てて物を置いたりしたときには、「そっと、置いて」と語りかけましょう。ドアなどを乱暴に閉めたときにも、「そっと、閉めてね」といいます。

動物が動かないのは、眠っているときだけだといいます。起きているときは、からだのどこかが動いているそうです。ところが人間は、座禅を組んだときなどそのよい例ですが、意志の力で動きを止めることができます。

運動は「動の部分」ばかりが目立ちます。しかし、運動で重要なのは、「静の動作」だといいます。動と静がバランスよく組み合わされたときに、美しく合理的な動きが生みだされます。

落ち着きがなく、乱暴な子どもの動きは雑です。そういう子の多くは、じっとするといった静の動作が苦手です。そういう子に「おもちゃを片付けて」と頼むと、大きな音を立てても平気な顔で、おもちゃ箱のなかに放り投げたりします。そういう場面でこそ、「そっと」ということばを教えましょう。

「そっと」がわかってくると、静かに物を扱えるようになります。これは、自分で自分の動きをコントロールする力が高まったともいえます。

落ち着きのない子は、脳の前頭葉がちゃんと働いていないといわれています。それが、特徴的な「無駄な動き、無駄なおしゃべり」につながるのでしょう。

なお、子どもの多動性を抑えるためには、前頭葉の働きを高める運動が効果的とされます。多動な子どもに対するトレーニングでは、とくに静の動作や、ゆっくりとした動きが取り入れられています。こうした動きには、自分の衝動性を抑え、精神を集中させて動きをコントロールする力が必要です。そういった力が弱いことが、落ち着きのなさの原因とも考えられています。

人との付き合いでも大切な「そっと」

「そっと」ということばは、単に物の扱いだけにはとどまりません。人との付き合いでも、とても大切なことを教えてくれます。

たとえば人に振り返ってもらおうと、肩を叩くことがあります。その力がとても強い子がいます。ふざけている最中に、他の子を激しくキックしたりする子がいます。力の加減がわかっていないのです。このために、しばしばけんかになったりします。

こういう子は、普段から「そっと」物を扱えません。「そっと」というと、極端にオソルオソルの動きになったりします。人や物との適切な関わり方を学んでいないといえます。日常的に、「そっと」という意識を高めていく働きかけが必要です。

じつは、「関わりことば」のイメージを抱くようになったのは、この「そっと」ということばからでした。知的な遅れがある男の子に、型はめ教材を使って指導していたときのことです。彼は、バチッ、バチッと音を立てて、型にはめようとしていました。ことばが話せず、手先も器用に使えないので、乱暴に扱っても仕方がないと思っていました。まずはやろうとする意欲を高めることが先と考えました。何回か続けているうちに、壊れそうなくらいに乱暴な扱いになりました。それでつい「そっと」といいました。

するると、彼の動きが変化しました。

音が静かになりました。内心では驚きながら、わたしは「そっと」と繰り返しことばかけをしました。すると、乱暴な扱いがしだいに見られなくなっていきました。人間にとって、人や物は大切です。たとえ知的な遅れがあっても、人や物の大切さは同じです。だから、理解できたのでしょう。

おおむね1歳前後になると、「そっと」がわかりはじめるようです。

☆同じような役割を持つ「関わりことば」

ゆっくり／ふわっと／やさしく／静かに

関わりことば②

「大事、大切」

人や物への理解を深めることば

口より先に手が出る子

1歳になったばかりの女の子が、テーブル付きの椅子に座っていました。園での給食のときのことです。目の前にコップやお皿といっしょにスプーンが並べられました。すると、その子はスプーンをつかみ、放り投げました。すかさず先生は、「スプーンは大事、大事」と話しながら、投げないように教えていました。その子は神妙な顔になりました。その姿を見ながら、わたしは「大事、大切」がわかりはじめていることを感じました。

クリニックでは、口より先に手が出る、けんかばかりしているなど、乱暴な子の相談が上位を占めます。

乱暴する子に、「どうして、他の子を叩いてはいけないの?」ときいてみます。理由をいえず「わかんない」「ビミョウ」などの答えが返ってきました。

こういう子の場合は、ことばの力など全体的な理解力を調べる必要があります。

「叩かれると痛いから、やっちゃだめ」「痛いのはかわいそうだから」など、その理由をいえる子もいます。子どもの話を聞きながら、「わかっているんだ。反省しているようだ。もうしないだろう」と考えます。

ところが、この思いはおおむね裏切られます。子どもは、また乱暴してクリニックにやってきます。

「どうして乱暴したの？」と、再度尋ねてみました。すると、「ぼくは痛くなかった」とか「かわいそうでなかったから」という答えが返ってきたりします。

こういう自分勝手な考え方が生まれるのは、はじめに答えた叩いてはいけない理由が、自分で反省し、考えだしたことばではなかったからです。きっと大人が、相手への配慮や道徳を軸にして叱ったのでしょう。子どもは、その大人の理屈を真似して話しただけなのです。子どもにとっては、自分自身で確信し、話していることばではありません。このために、子どもを根本から変える力が、そのことばにはないのです。

友だちは「大事、大切な存在」という認識が希薄

多くの乱暴な子と話しているうちに、わたしは、相手の気持ちを想像する力や道徳より以前の、もっと根本的なことを、その子たちが学んでいないことがわかってきました。それは、友だちは「大事、大切な存在」だということです。大切な相手であるという認識が希薄なのです。

こうした子どもに、相手の気持ちや道徳を話して説得することは、無効のようです。もっと根本的な、物や人は「大事、大切なもの」だから、壊したり、乱暴したりしてはいけないことを教える必要があります。このことが納得、了解できれば乱暴な扱いや行動は減ります。

「大事、大切」ということばは、先に紹介しましたが、1歳の子どもでも了解できる部分があります。子どもながらに重要なことばだと感じているのでしょう。だからわかろうとします。

相手に配慮しながら関わる力へ

人は群れを作ってしか生きていけません。ひとりでは生きていけない弱い存在です。互いに助け合い、支え合うことの大切さが、当たり前のこととして遺伝子に組み込まれているのでしょう。ただその遺伝子は、どうも自然に働きだすのではなさそうです。

「大事、大切」というキーワードを教えていかないと、仲間の大切さに気づけない子がいます。日々の暮らしのなかで、「大事、大切」な物があること、また人は「大事、大切」であることを伝えていく必要があります。そのことばを出発点にして、子どものなかに相手の気持ちを想像する力が育っていきます。

それが、相手に配慮しながら関わる力へとつながっていくのです。

☆同じような役割を持つ「関わりことば」

ひとつしかない／壊さない

関わりことば③

「だめ」

自分で判断できるようにすることば

「だめ」がわからない子は、ほめられても喜ばない

「〝だめ〟と、子どもにいってはいけないのでしょうか」と真正面から質問してくる親や先生は多くありません。とはいうものの、「〝だめ〟ということばの役割」について話をすると、必ずといっていいほど、「〝だめ〟っていっていいんですね」とほっとした声が聞かれます。

そういう大人の気持ちの奥には、「だめ」ということばを使ってはいけないという思いがあるのでしょう。ところが実際の子育てや指導の場面では、「だめ」を使わざるを得ません。このために親として失格とか、指導者として未熟という思いが募るのでしょう。だから、「だめ」の役割を知ったときに安堵の表情が生まれるのかもしれません。

「だめ」ということばの役割に気づいたのは、「だめ」がわからない子は、ほめられても喜ばないことを知ったのがきっかけです。

落ち着きのない子の場合、「制止がきかない」との訴えをよく聞きます。表現を変えれば、「〝だめ〟がわからない子」といえます。こういう子の親に、「ほめてください」とアドバイスしても、「ほめるようなことをしません」との反論が返ってきます。実際、わたしから見ても、ほめられるようなことをなかなかしなかったりします。こうした背景には、相手に喜ばれようという気持ちが薄いことが考えられます。

1歳前から、子どもは「だめ」がわかるようになります。「だめ」といわれると、それまでの動きを止められるようになります。あわせて、この時期には手を叩くなど、子どもは大人の求めに応じて芸をして見せてくれるようになります。「人から喜ばれること」もわかりだす時期といえます。

「だめ」と「喜ばれること」このふたつは、直接には関係がないように思われるかもしれません。が、ここで、人間の思考に独特とされる理解の仕方が関係してきます。たとえば「大きい—小さい」「多い—少ない」など、人間には一対の概念（対概念）で物事をはかり、判断するという特徴があります。

「だめ」、つまりは人から叱られることと、人から喜ばれることが対になっていると考えられます。その証拠に、前に述べましたが、「だめ」がわからない子は、ほめられても喜びません。「だめ」への理解が弱いと、喜ばれたいという気持ちも十分には育たないと思います。

「だめ」は、一般的には1歳前後という人生の早い時期でわかります。これは成長の早い段階から、物事を対で考え、判断するという人間的な思考の枠組みを子どもに獲得させるためでもあるのでしょう。

自分で判断し、行動する力をつける

「だめ」は動きを止めると述べました。「だめ」がわかったあとに、赤ちゃんは歩きだします。「だめ」がわかれば、危ないときに「だめ」で止められ、危険を回避できます。人間はブレーキをかけられるようになってはじめて、次の行動レベルに入っていくようになっています。

子どもは2歳前後から親のそばを離れ、行動範囲が急速に広がります。それより以前に、子どものなかでは自分で判断し、行動する力がついてきます。思春期もそうです。身体が大人になる前に、脳は一足先に成熟していきます。この時期を「前思春期」といいます。自分である程度自分をコントロールできるようになってから、大人の身体になっていくといえます。

1歳前後になると、大人の顔色をうかがい、やっていいかどうかを問う、社会的参照が始まります。参照行動そのものは、社会性の発達にとって重要な能力です。このときに「喜ばれる体験」なしで、「だめ」とばかりいわれる子や、「だめ」と注意される回数が多すぎる子は問題を持つかもしれません。いつも「だめ」といわれている子は、過剰に大人に反応して、びくびくした子になってしまうおそれがあります。子どもがよいことをしたときには、心から喜ぶ、ほめるなど心がけてほしいと思います。

column

からだを発見する

あるお母さんから、「子どもが耳にビーズを入れて困る」とのメールがきました。

よくある子どもの事故のひとつに「誤飲」があります。この誤飲事故ですが、0歳がいちばん多く、次に1歳、2歳と続き、おおむね3歳台で見られなくなるそうです。

3歳になると、「食べ物」ということばが理解できるようになります。「食べられる物」と「食べられない物」があることがわかってきます。だから誤飲が減るのでしょう。この誤飲に続くのが、耳や鼻の穴への異物入れです。

子どもは身体の部位を表すことばを、だんだんに順を追って習得していきます。わかっていく順番で部位をグループ分けすると、

①鼻、口、目、髪の毛
②歯、血
③のど、背中、ひじ
④心臓、胃、肺
の四つに分けることができます。①群は、見えるし触れることができる部位です。これらが1歳台でわかってきます。②群は、普段は隠れている部位です。2、3歳で理解できます。③群は区別ができにくい場所や、いつもはまったく見えない部位です。この群が3、4歳でわかってきます。④群はまったく見えない、触ることもできない部位で、想像で理解するしかありません。理解できるようになるのは、おおむね5、6歳以上となっています。

ことばの理解面からいえば、耳や鼻の穴は③群となります。耳に物を詰める子は、自分のからだのうちで、見えない場所に興味を持つ段階に入ったといえます。

もちろん、鼻腔や外耳道は敏感で傷つきやすい場所です。ことばの理解にあ

column

わせて、たとえば「お耳にはトンネルがあるよね。トンネルを通って、お話が聞こえるんだよ。大事だからビーズを入れてはダメ。トンネルが閉まると音が聞こえなくなるよ」といった説明が必要です。

このように、子どもは年単位の時間をかけて身体の部位を理解していきます。④群が理解できるようになる5、6歳という年齢は、抽象的な思考ができるようになるのとほぼ同じ時期です。

本当は、自分の身体はとても抽象的な存在なのかもしれません。心身はもともと一体ではなく、心にとり身体は扱いにくい存在なのでしょう。だから人は、運動やヨガなどで自分の身体を発見し、意識しようとするのかもしれません。そうしないと、身体を危険から守り、うまく操縦することができないのでしょう。

前述の異物を詰める子は、「自分の身体を見つける旅」に出たとも表現できます。

関わりことば④

「できた」

区切りを教え、評価を伝えることば

自分で「できた」と報告させる

毎日の生活での取り組みのなかには、子どもにとって始まりはわかっても、どこで終わりになるのかがわかりにくいものがあります。たとえば、いくつもの物を片付けたり、用意したりするときなどです。

こういう場合は、ここまでやったからおしまいということを、「できた」ということばで教えます。話せるようになったならば、自分で「できた」と報告させるようにするとよいでしょう。

物事の取り組みへの意欲が薄い子は、ちゃんとできていなくても「できた」といい、終わりにしようとします。また、できることでも、一回きりでおしまいにしようとする子どももいます。こういう子には、上手になるように、また繰り返し持続してできるように、「もっとやって」「あと一回できたらね」などとうながしたいものです。こうした関わりで意欲を高めます。

「できたね！」と評価を伝える

日々の生活での取り組みのなかで、子どもがなにか達成できたときには、評価を心がけるようにします。

「できた」には区切りを教えるだけでなく、評価という意味もあります。「できたね！」といわれた子どもは、自分がやったことを喜んでもらえたという実感を持つことでしょう。このことが、人に認められたいという気持ちをさらにしっかりと形作ることにつながるのです。

評価することばには、ほかに「まる」「うまい」などがあります。

努力の過程を認めることばには「がんばっている」「上手になってきた」「どんどんうまくなっているね」といった表現があります。

こういう評価を受けることで、子どもは意欲を高め、確かな自信をはぐくんでいきます。

☆同じような役割を持つ「関わりことば」

まる／うまい／すごい／がんばっている／上手になってきた／おしまい

関わりことば⑤

「大丈夫」

気持ちを落ち着かせてくれることば

じーっと外の世界を観察している子ども

子どもはもともと不安が強い存在です。人見知りをしだす時期から、知らない人、場所、物には近寄ろうとしないのが普通です。自分の身は巣穴におき、じーっと外の世界を観察しているウサギのようです。

ところが臆病のようにも思えた子どもが、ひとたび大丈夫とわかると積極的に関わろうとしだします。思いもよらない大胆な行動に出て、こちらが驚かされることもあります。小心と大胆が同居する、それが子ども本来の姿といえます。

子どもは、臆病でいつもまわりに気を張りめぐらしているからこそ、いろいろなことを発見できるのでしょう。そして、発見した人や物に興味・関心を持ち、それがどういうものなのかを学びます。あわせて、自分にとって大丈夫な存在か、それとも危ないことなのかを判断できるようになっていきます。

「大丈夫」のことばが与える安心感

子どもにとっては、ウサギの巣穴のような人間が必要です。その人といっしょにいれば、「大丈夫」と思えるような存在、いっしょだからこそ大胆な冒険ができるような大人。思い切った冒険ができなければ、子どもは自分の世界を広げることができません。

子どもが不安になり泣き叫ぶときは、大人は子どもの身体を抱きながら、ただ「大丈夫だよ、大丈夫」といいましょう。説明などいりません。ただ「大丈夫だよ、大丈夫」と繰り返します。このときの「大丈夫」は疑問形ではだめです。「大丈夫？　大丈夫？」と子どもに問えば、逆に子どもの不安を高めてしまいます。「大丈夫」といい切るように語りかけることによって、子どもに安心感を与えます。

「大丈夫」のことばは、「わたしがいるから大丈夫だよ」というメッセージを子どもに伝えてくれます。そのことばを聞きながら、子どもは自分を守ってくれる人の存在を強く感じるはずです。そして安心し、気持ちを落ち着かせていきます。

子どもがいつか子どもでなくなったときも、「大丈夫」といってくれた人の存在は心のなかにあり続け、きっと安心と勇気を与え続けてくれることでしょう。

☆同じような役割を持つ「関わりことば」

こわくない／ゆっくりでいいよ

関わりことば⑥

「〜やって、〜して」

聞く力・理解する力を高めることば

1～2歳の年齢では、自分で選択することはできない

ことばの力が育っていない1～2歳の子どもに、「自分がしたいことをやっていいよ」「好きなことをしていいよ」と選ばせている大人の姿を見かけることがあります。こういった判断を1～2歳の子どもにさせるのはどうでしょうか？

たとえば目の前にアメを示し、そのなかから好きな物を選ばせるというのなら、子どもにとってわかりやすいでしょう。しかし、いくつもの「あそび」を頭のなかだけで比較検討し、そのなかからひとつを選ぶには、ことばの力が必要です。それが十分に育っていない1～2歳の子どもでは、自分で選択することは能力を超えたものになります。また記憶の容量も大人とは違います。頭のなかでいくつものことを考えあわせることはできません。多くの場合、子どもは困った表情を見せたまま、したいことをいえないでしょう。たとえしたいことがいえたとしても、それは十分に考えられた結果とはいえません。考えずに決

める体験が積み重なれば、衝動的に決断するようになるおそれさえあります。

二択形式で尋ねる

ことばの力が十分に育っていない段階では、ごみを持たせて「どうしたらいいかな？」と問うよりも、「ごみを捨ててきて」といったほうがよいでしょう。そのほうが子どもには理解しやすいのです。それによって「ごみ」「捨てる」など、名称や動詞を的確に教えることにもなります。また人の話をきちんと聞く練習にもなります。

子どもに命令するのはいや、という人もいます。しかし、命令かどうかは口調も影響します。静かな口調でいえば、ひとつの提案ともなり、またあそびにもなりえます。子どもはまだ発展途上にあり、大人のような思考はできません。もしも選択させたいときには、「AとB、どっちがいい？」といった二択形式にすれば、子どもの混乱も少なく、自分で選べることでしょう。

column

知識と知恵

知能検査を三十年近く行ってきました。知能検査でいったいなにを測っているのか、今でも確信が持てず、曖昧《あいまい》なままです。

日本で使われている知能検査には、大きく分けると二種類あります。一つはフランスで生まれたビネー式で、これが世界初の知能検査です。もう一つはウェックスラー方式で、アメリカで作成されました。

ビネー式は、年齢相応に子どもの理解が進んでいるかどうかを見ます。就学時の判定資料を得る目的で作られました。

ウェックスラー方式はアーミー（軍隊）テストともいわれます。第一次世界大戦のとき、米軍では、味方の誤射による被害が相当数あったといいます。当時、自軍によるこうした被害は、兵士の理解力や動作能力と関係すると考えら

れ、知能検査が開発されました。

この方式のテストでは、一定時間内で、どれだけことばを理解し、処理できるかを見ます。戦場での働き具合を知るために作られたテストだからでしょう。ストップウォッチで時間を測る問題が多く出題されます。答えが一秒遅いだけで、点数が変わります。

ADHDの子にウェックスラー式を行うと、興味深い現象が見られることがあります。幼児期には速く答えようとして間違え、点数が低く出ます。ところが、年齢が上がるにつれ慎重になる子がいます。じっくりと考え答えるので時間がかかり、これまたIQ値は低くなります。実際の能力よりも低い数値となり、誤解を生むこともあります。結局、この検査が、人間の本当の理解力を測るのには不十分だから起こる結果といえます。

知能検査で測ったIQ値と、子どもの適応状態は必ずしも比例しません。IQが百を超えても不適応の激しい子がいます。一方で、低くても良好な適応を示す子もいます。

column

知識は、過去に学んだ情報、データといえます。知能検査で測るのは、子どもが持つデータの蓄積量です。「情報、知識」はあっても、それが「賢い情報、知識」にはつながらないこともあります。知識は、そのままでは「生きる力」とはなりません。

知識は知恵に転化、昇華しないと、現実社会では役に立たないのではないかと思います。IQ値が高くても、混乱している子は知恵への転化が不十分といえます。IQ値が高くなくても安定した子は、知恵が育っているのでしょう。

知能検査は、およそ百年前にできました。その後、それに替わる画期的なテストが開発されないまま、今日に到っています。ひとつの物差しではあるものの、子どもの現実を知るのに曖昧、未来への予測も不確かという知能検査。生きる力ともいえる知恵を測る、その結果から知恵を育てるヒントが得られる、そういう検査こそ、発達に問題を持つ子に必要と感じています。

関わりことば⑦

「いっしょに」

人への関心を持たせ、社会性を育てることば

園ではいい子なのに、家では親のいうことをきかない

4歳の男の子でした。園での集団保育ではほとんど問題がないのに家では問題がいっぱいで、という相談です。

一人っ子で、夜は深夜までビデオを観ているといいます。このために不規則な登園時間となります。家では食事にも手こずり、自分勝手な時間に食べ、また園では見られない偏食があるそうです。

ご両親はマスコミ関係者で、時間が不規則な勤務です。このために子育て支援の方に育児の一部をお願いしています。とはいえ、ハードなスケジュールを縫って、少しでも長い時間、子どもと関わろうと努力されています。ただその子が、親のいうことを聞きません。

園ではみんなといっしょにあそべ、食事ができ、昼寝もスムーズです。ところが、家では鬼っ子状態です。

お母さんに家での様子をうかがうと、子どもことばでは語りかけないようにしているそうです。大人が使う、正しいことばを覚えてもらいたいからとのことでした。また、今はわからなくても、向かい合ってきちんと説明することを心がけていると話してくれました。そういいながら、お母さんの表情は緊張し、どこか自信がなさそうでした。

わたしはお母さんに、「いっしょにネンネ」「いっしょにごはん」ということばかけを子どもにしたことがあるか、と尋ねてみました。「覚えていない」という答えが返ってきました。

いっしょのほうが楽しい

「いっしょに」ということばは、2歳前後から頻繁に聞かれるようになります。「いっしょにすわろ」「いっしょにネンネ」「いっしょに食べよ」といった表現で使われだします。人を特別に意識しはじめる時期であり、いっしょのほうが楽しいという気持ちが込められています。

「いっしょに」といいながら、子どもは相手の行動を見つめ、話すことを理解しようとします。また、真似する姿も盛んになります。「いっしょに」を通じて、人との関わり方、自分の振る舞い方を学んでいるといえます。

こういうことばは、発達に問題がある子の場合、一部の社会性が進んでいる子を除いて、ほとんど聞かれることがありません。

しつこいほど使っていた「いっしょに」も、ある時期がくると……

さて、さきほどの男の子です。彼は園では「いっしょに」ということばかけのなかで、相手に合わせる行動をすることを学んでいます。なにしろ園にはモデルがたくさんいますから。

ところが、家ではなんでもひとりです。モデルをしてくれる子も、また、いっしょにやろうという大人の存在も希薄です。このために、なにをどうやっていいのか混乱していたのでしょう。子どものペースに合わせるのが苦手と話すお母さんに、「いっしょに」ということばを使いながら、行動をともにするように伝えました。

こうした話し合いのなかで、お母さんもなにかがわかったのでしょう。その後、子どもとの関わり方が変化して、母子ともに精神的にずいぶんと落ち着いたようです。お母さんは、向かい合うことよりも、横にいてほしいという子どもの気持ちがわかってきたと話していました。

「関わりことば」の存在と役割がわかりだしたのは、この「いっしょに」ということばからでした。子どもが一時期しつこいほど使っていた「いっしょに」ということばも、不思議なことに、やがて次のことばに取ってかわられます。子どもが自発的に使いだし、それに大人が応えることで子どもの人や物への認識が深まり、使う必要がなくなるのかもしれません。

子どもがある時期になると頻繁に使うようになることば、「いっしょに」や「はんぶんこ」（68ページ参照）「貸して」（76ページ参照）などの語が子どもの口から出ているか注意しながら成長を見守るとともに、大人の側も子どもに、こうしたことばを理解し、使うことをうながすようなことばかけをすることが大切だと思います。

関わりことば⑧

「～したら、〇〇ね」

相手の考えを受け入れるためのことば

「取り引き」は子どもにいろいろなことを教えてくれる

ＡＤＨＤ（小二の長男）のお子さんを持つお母さんの話です。

次男が３歳になろうかというときに、「子育ては、〝取り引き〟が本当に大切ですね」と話されました。

長男はＡＤＨＤの要素がかなり強く、感情のコントロールがうまくできませんでした。気に入らないことがあるとすぐに泣いて騒いでいました。そういう子に対して、お母さんは感情的になることなく「〜したら、○○ね」と話してきかせていました。「好きでないこと、やりたくないことをしたら、好きなことができる」という取り引きです。これを淡々とやり通し、長男はとても落ち着きました。

ＡＤＨＤではない次男の場合も「取り引き」は必要で、それが子どもにいろいろなことを教えてくれるというのです。取り引きをすることによって、好きではないこと、やりたくないことでも「我慢して取り組む力」が育つ。それに好きなこと、楽しいことを「想像する力」も育つのではないかと話してくれました。

子どもが2歳前後になると、大人の指示が急にわかるようになる時期があります。自分なりの思いが育つのもこの頃で、それは「取り引き」ができるようになる時期とも重なります。

さらに「取り引きのルールは誰が決めるのか」も、重要な意味を持っています。ルールを決めるのは大人である、子どもはそれを受け入れ、ルールに従うという時期が必要ではないかと思います。そうした経験を通して、やがて他の人の考えやルールを自然に受容できるようになるからです。

偏食の強い子

現代の子育てでもっとも大変なのは、子どもに食事をさせることだといわれます。子どもはおなかを空かせているもの、というのは遠い昔のことになりました。クリニックに来る不登校や学業不振の問題を抱える子どもや青年の多くに、強い偏食が見られます。

偏食のある子に、「どうして野菜は食べなくてはいけないのか？」と尋ねてみました。すると、「からだが丈夫になるから」「風邪を引かなくなるから」という答えがおおむね返ってきます。一般的な知識はあるといえます。ところが、そう話した同じ子どもが、いっさい野菜を食べなかったりします。わかってはいるけれども、実行できません。

自閉的な子どもに食事の指導をします。スプーンや箸を教えながら、偏食の指導も行います。なかには、食べたことのない食べ物は非常に警戒し、強く拒絶する子どももいます。そういう子には、食べ物を数ミリ単位に細かくします。そして「嫌いな物を食べたら、好きな物を食べようね」といいながら、偏食をなおしていきます。

ときには数か月、あるいは年単位といった時間のかかる取り組みです。この取り組みのなかで子どもの偏食が薄らいでくると、人の話を素直に聞けるようになる、そう感じたことがたびたびありました。

その理由としていくつかのことが考えられますが、なかでももっとも重要なのは、「嫌いな物を我慢して食べたら、好きな物が食べられる」という目に見えないルールを学び取ることではないかと思います。子どもがいやなことでも辛抱して取り組もうとするのは、このルールを理解しているからです。大人が日々働くのも、このルール抜きにしては考えられないでしょう。

強い偏食を示す不適応の子は、他者の考えや決められたルールになかなか従えません。「取り引き」を学ぶ機会がなく、そのために自分勝手なままで大きくなった面があるのかもしれません。

column

決定権はわれにあり

不登校でクリニックへやってきたMくん。小学校二年生の彼は、「先生が『静かに』といってるのに、みんながうるさくするからいやだ」といって、学校に行きしぶるようになりました。Mくん自身は、授業中に大声で他の子を非難し、うるさいそうです。

もうひとり、乱暴が受診理由のSくんは、小学校三年生なのに友だちと仲良くあそべません。あそびのルールを自分勝手に変えるからです。本人は、「みんなはぼくの話を聞いてくれない」と嘆きます。実際は、意見を聞かずに乱暴してしまうのはSくんのほうです。

じつはこの二人には、共通した見方があります。

Mくんは「先生のいうことを聞かない子＝悪い子」と考えています。ところが、担任の先生はクラスの子たちがうるさくて問題だとは思っていません。

Mくんには、「うるさいかどうかは君じゃなく担任の先生が決めること。みんなを注意するのは、先生の仕事」とクリニックで話しました。子どもたちは自然に、人の役割がなにかを学んでいきます。Mくんに必要なのは、「人にはそれぞれ役割や仕事がある」との見方を学ぶことです。Mくんは独特の思い込みや誤解を持ちやすく、それらを正す作業が今も続いています。

「話を聞いてくれない」と嘆くSくん。彼は、みんなは彼の意見を聞き、従うのが当然と考えています。幼児期から小学校の三、四年くらいまで、子どもたちのあそびのルールは、話し合いのなかで変化します。話をしながら、自分と他の子の考えが違うことを知ります。そのうえで互いの考えをすり合わせ、妥協も含めた柔軟な思考ができるようになっていきます。

Sくんは現在、他の子たちといっしょに意見を出し合い、自分の役割を決めるなどのグループ指導を受けています。役割やルールはみんなで決めること、を理解するためです。

column

二人に共通したものの見方は、決定権についての一面的な、幼いともいえるとらえ方です。最近、増えているように思うのですが、こういう子の場合、不登校や乱暴行動そのものに注目してもなかなかおりません。

幼い考え方に迫り、決定権への適切な理解をうながさないと変わっていかないと感じます。

関わりことば⑨

「はんぶんこ」

相手への思いやりをうながすことば

「はんぶんこですわろ」

「いっしょに」を覚えたあとに、この「半分」ということばが出てくるようです。「はんぶんこですわろ」や「はんぶんこしよう」といった使われ方をします。いっしょにいる子と、座る場所や、食べ物を分け合うことができるようになってきます。

結婚式には、ウェディングケーキが付き物です。最近では少なくなったようですが、かつては「夫婦はじめての共同作業」という決まり文句で、ウェディングケーキにナイフを入れる新郎新婦の姿がよく見られたものです。この入刀の儀式は、家族や部族で食べ物を分け合うことを象徴しているといわれます。

切り分けて食べることは、確かに家族や部族のつながりにとって重要です。親戚同士では、互いに金銭抜きで饗応し合います。夫婦や親子の間では、割り勘で食事することはあまりないでしょう。これは家族という関係のなかに、食事を分け合って当たり前という意識があるからです。

核家族の時代だからこそ教えたい「はんぶんこ」

この「半分」は、食べ物だけでなく、場所や権利、地位などを分かち合うことを学ぶための、最初のことばのように思います。家族や親戚など身近な人だけでなく、その対象が広がっていけば、それはやがて「慈悲」の心へとも高まっていくのでしょう。

こういう分け与えの姿は、２歳前後から見られだします。それ以前では、「ちょうだい」といっても、なかなか素直にくれなかったりします。

現代は少子化、核家族の時代になりました。少ない人数で生活していると、当然ですが人に分け与える機会、体験が少なくなります。一人っ子が増えれば、兄弟姉妹で分け合う体験もできなくなります。親戚同士が集まる機会も減り、ともに食事をしたり、家の仕事を手伝ったりと、助け合い、仲良く分かち合うという光景に触れることも少なくなっているようです。

だからこそ大人は子どもに、「半分」を要求し、分け与える気持ちを育てたいものです。

関わりことば⑩

「あげる―もらう」

相手との関わりを考えさせることば

自他の区別ができるようになると……

「はんぶんこ」の次には、多くの子どもで「あげた—もらった」ということばが聞かれるようになります。子どもは2歳半ばくらいから、人にあげたことを誇るように話しだします。また、誰からなにをもらったかも大人に話せるようになります。これは、もらったことを記憶できるようになったともいえます。しきりに「あげた—もらった」という時期は、自分と他者の区別ができはじめる頃でもあります。

この頃から、たとえばある物を欲しいときには自分が「あげる」とはいわなくなります。ちゃんと「ちょうだい」といえるようになります。それまでは、大人の「いってきます」に「いってきます」と答えていたのが、「いってらっしゃい」といえるようになります。自他の区別ができてきたので、自分と相手のいうべきことばを区別して使えるようになるのでしょう。

感謝の気持ちを育てる

物をあげたり、もらったりする体験のなかで、子どもは感謝の気持ちも育てていくようです。

ただこの段階では、もらったときに感じる自分の気持ちと、「ありがとう」ということばがスムーズに結びつきません。このために物をもらっても、すぐには「ありがとう」ということばが出てきません。大人は「ありがとう」というべき場面を教え、またいうべきタイミングを伝える必要があります。

「あげる―もらう」ということばは、人との貸し借りを理解する出発点なのかもしれません。子どもはもらうだけでは気持ちが落ち着かなくなります。そのためか、なにかをもらったあとには、自然にお返しができるようになります。

また、人の能力はみんな同じではありません。それぞれ得手不得手がありま す。たとえば手先は器用だけれども、力仕事は苦手という人もあります。得意な人が不得意な人を助けます。別の機会には助けられた人が、得手に回って助けてくれることもあるでしょう。社会は助け合い、ことばを換えれば貸し借りがうまく働いて成立するシステムといえます。

「あげる―もらう」の体験のなかで、社会の仕組みを実感として理解していくことが大切です。

関わりことば⑪

「貸して」

《所有》について理解させることば

行動化から言語化へと進む子どもの発達

普段使っているおもちゃや絵本を自分のものと考えるようになると、子どもは他の子に取られまいとします。これは物だけでなく、親など親しい人でも見られる行動です。取られそうになると、相手を叩いたり蹴ったりします。なかには噛みつく子どももいます。1歳を過ぎたあたりから見られだす姿です。

子どもの発達は、「行動化から言語化へと進む」とされています。

行動化とは、思ったことを行為でストレートに表現することです。取られまいとして叩いたり噛みついたりするのは行動化の段階です。それが、「いや」「やめて」といったことばで気持ちを表すようになります。それを言語化といいます。子どもは成長するにつれて、ことばでの表現が豊かになっていきます。

言語化が進んでくると、他の子のおもちゃを勝手に取ったりしなくなります。「自分のもの」と「他の子のもの」を区別できるようになるからです。あわせて、自分のものは思い通りにしていいけれども、他の子のものは勝手に使ってはいけないことを理解します。勝手に使うと、無用なトラブルを引き起こす可能性もあります。そこで無理矢理に取るのではなく、「貸して」のことばを使い、相手に打診するようになるのです。おおむね2歳半ば頃から見られだす姿です。

相手や状況によって「貸す—貸さない」の判断をする

しかし、「貸して」といわれたからといって、すぐに貸してあげるわけではありません。たとえば大人ならばいいけれども、他の子が触るのは絶対に許せないということがあります。貸すのをいやがっているものでも、特定の相手ならば素直に貸す場合もあります。また、場面によってスムーズに貸せる姿が見られたりします。

子ども自身が、相手や状況によって「貸す―貸さない」の判断をしだす時期といえます。これは、人に対する好き嫌いの感情が芽生えたことを示すとともに、場面を理解する力や、また交渉の技術を磨くことにつながっていくのかもしれません。

☆同じような役割を持つ「関わりことば」

見せて／いい？／ちょうだい

関わりことば⑫

「～の仕事」

《物事の決定権》を教えてくれることば

決定権は誰にあるのか

①園からのお帰りのときに泣いて騒いでぐずる。お母さんを叩いたり蹴ったりして怒りを表現する。（4歳男子）

②友だちや母親だけでなく、公園であそんでいる見ず知らずの子に抱きつく。（5歳男子）

③「貸して」といいながら、おもちゃを妹からひったくる兄。（6歳男子）

④「入れて」っていったのに、入れてくれないといって乱暴する。（5歳男子）

これらの事例は、それぞれまったく違う子どもの姿を伝えています。一見なんの共通点もないように見えますが、しかし、こうしたトラブルは、子どもの決定権への誤解から起こっている場合が多いように思います。

ある保育園にうかがったときのこと。3歳の男の子が同じ年齢の女の子に、

「いっしょにネンネしよう」と誘っていました。彼はママがしてくれるように彼女の膝を枕にして寝たいようでした。男の子が何度も求めるので、女の子は「いいよ」といって膝枕してあげました。しばらくたつと、女の子は「頭が重いからいやだ」といいだしました。しかし、男の子は一度手に入れた膝枕の権利を離そうとしません。結局、女の子が泣いたので先生がやってきて二人は離されました。

この子たちには2歳の頃の、「貸して」といいながら相手の返事を待たずに奪い取る姿はありません。奪い取る時期では、「貸して」が魔法のことばです。いえば手に入れられると思っています。

ところが前述しましたが、2歳半ばくらいから、なにかをしてもらいたいときには相手の承認が必要だと考えるようになります。「貸す―貸さない」の決定権は相手にあることがわかるようになるともいえます。

決定権への誤解

さて、冒頭の事例に戻ります。

①の子どもは、「帰るかどうかを決めるのは自分」だと思っている可能性がありますす。だからお母さんが「お帰り」をうながすと怒ってしまいます。決定権は自分にあると思っている、帰りグズの子に多い誤解ともいえます。

この子に対しては、園で「それは先生のお仕事。先生が決めること」と、ひとつひとつきちんと話してきかすようにしました。そのうちに「先生が決めるの?」ときいてくるようになったといいます。はじめは「先生のお仕事」といっても、チンプンカンプンだったそうです。

助詞の「の」は、「〜ちゃんの」というように、はじめは所有や区分を表す意味に使われます。その次に、「お母さんのお仕事」という具合に、人の働きや役割を示すことばとともに使われるようになります。それまではお母さんが料理もできないほど、まとわりついて離れなかった子どもが、「ママのお仕事」といえば、離れられるようになってきます。

②の子どもも同じです。抱きついていいかどうかを決めるのは相手だということがわかっていません。この子への対応ですが、抱きつきを全面的に禁止するのもひとつの手です。ただ「抱きつき」は人を求めての行動で、発達に根ざした欲求かもしれません。そうであれば、禁止してもやみません。抱きついていいかを必ず確認させる。ときには「ダメ」と伝え、いつもかなうものではないことを教えたほうがよいでしょう。

③と④はともに、相手が決めるということがわかっていないといえます。日常生活のなかで、決定権への誤解を解くように繰り返し話していく必要があります。

所有物や役割を明確にしていく

「いってらっしゃい」なのに、相手がいった「いってきます」のことばをそのままいう子。「ちょうだい」ではなく「どうぞ」といいながら、相手からおもちゃを取ってしまう子。これらの姿は、2歳前後の子どもには普通に見られる現象です。自他の区別がはっきりしていない姿といえます。それが2歳半ばを過ぎると区別ができはじめ、いい方の間違いが減ってきます。子どもは「〜ちゃんの！」と主張しながら、自分と他者の違いを意識していくのでしょう。

ところが、「自他の区別」が進まず、所有や役割への認識が曖昧《あいまい》なままの子がいます。それが決定権への思いもよらない誤解へと進みます。その誤解が「わがまま」「自分勝手」「人の話を聞かない」といった姿へとつながることがあるようです。

「〜ちゃんの」がなかなか出ない場合は、自分と人の物をはっきりと区別させたいものです。食事は大皿から勝手に取るのではなく、小皿に取って区別しておくほうがよいでしょう。お手伝いも、自分と人の役割の違いをわからせるよい機会になります。

すでに誤解している子には、「決めるのはママ」「先生のお仕事」と話をし、誤解を解くようにします。なお、子どもに伝えるときには、二〜三語文でコンパクトに伝えたほうがよいでしょう。だらだらと話をすると耳に入らない可能性があります。

所有や決定権を理解させてくれる「〜ちゃんの」や「〜の仕事」は、この後「自分の気持ち、人の気持ち」の理解へと進み、その後は「自分の考えや人の考え」にも気づかせてくれるようになります。

また、子どもは集団での係り仕事を通して、人の役割はそれぞれ違うことを知っていきます。そのことが、他の子の気持ちを察したり、考えを理解しようとする意識へとつながっていきます。係り仕事の大事な意味はそこにもあるようです。

column

宿題

先日、都内の私立中学校を訪ねました。ある少年が不登校気味で、その対応を先生たちと話し合うためです。ちょうどよい機会だったので、その折に、疑問に感じていることを先生に尋ねてみました。

ここ数年、夏休みが終わった頃に子どもたちに、夏休みの宿題をしたかどうかを質問してきました。驚いたことに、「宿題をした」という子は十人に一人もいません。クリニックに通う子どもという偏りはありますが、宿題を提出しないのが悪いこととは思っていない様子に、とまどいを感じたのも事実です。

さて、先生たちの答えですが、夏休みの宿題をやってこない子が、クラスに最低でも二割はいるとのことでした。

話は変わりますが、発達障害を持つ子どもへの指導のなかで、「宿題帳」と

いう取り組みを三十年近く続けています。「宿題」の内容は、食器を運ぶといったお手伝いや、簡単な運動などで、子どもの状態に合わせて決めます。

いうまでもないことですが、社会はさまざまな約束事によって成り立っています。「約束を守る」ことの大切さを、「宿題」という形で学んでもらおうと考え、始めたものです。経験的にですが、宿題を大切と思い、それを守る子は、青年期以降、社会での適応がよいのは確かです。

物事に対する重要さの度合いは、それぞれ人によって違います。たとえばカードゲームのレアカードは、好きな子どもにとってはいちばんの宝物です。ところが関心のない大人には、まったく価値がありません。大人はお風呂に入ることを重要と思い、子どもをせかします。ところが子どもは、それを重要とは思えず、動こうとしなかったりします。

「宿題をしない」という現象は、宿題の重要度について、大人と子どもの認識が大きく開いてきた証しともいえます。もしも《宿題をしなくてもいい＝大人との約束は守らなくてもいい》との認識が強まれば、社会で適応できない青年が増えるのではと危惧しています。

ただ、ここで、大人が再考すべき点はあります。宿題を通して、約束を守ることの大切さをきちんと説明し伝えているのか、もっといえば、約束を守ることを、本当に子どもに期待しているのかという点です。

関わりことば⑬

「大きくなったね」

自分への見方を肯定的にすることば

「大きくなりたい」という欲求

2歳の男の子が、背伸びをして高いところに自分の靴をしまおうとしています。同じ年齢の女の子が、大きなバッグにお母さんの携帯電話や、タオル、ティッシュなどを詰めて引きずって歩いています。部屋のなかなのに、思いっきり遠くにボールを投げようとする子もいます。

2歳の頃の子どもは、背伸びをしたり、重い物を持ったり、遠くに物を投げるなどして、自分の力を試そうとします。それは赤ちゃんのように囲われ、守られることをどこかで拒絶した姿でもあります。

こういう姿のなかには、自立に向かい、自分を「大きくしよう」とする思いが存在します。

ただ、それらはときとして危険であり、またいたずらしているように見えて、まわりには迷惑だったりします。その結果、注意されたり、叱られたりすることが多くなります。

けれど子どもは、大人から叱られても、なかなかやめなかったりします。意固地に見えますが、本当は自分でもやめられないのかもしれません。

大人が評価してあげることが、子どもの自立を助ける

子どもの大きくなりたいという欲求は自然の姿です。赤ちゃんの頃とは違い、お話も上手になります。自分なりの考えも出てきます。だから、自己主張するようにもなります。扱いが難しくなりますが、その一方で身の回りのことなど、多くのことがひとりでできるようになります。

ひとりでできるようになったときにこそ、大人は「大きくなったね」と評価してあげたいものです。

その評価こそが、注意されたり叱られたりしたことを帳消しにしてくれることでしょう。そして子どもの自立への意欲を高め、また自尊心や誇りも与えて

くれるのです。

☆同じような役割を持つ「関わりことば」

お兄さんだね／お姉さんだね／上手／もっとやって

関わりことば⑭

「楽しかったね」

自分の気持ちを表現することば

楽しかったこと、うれしかったこと

5、6歳から小学校低学年くらいまでの子どもに、「この頃、なにか楽しいことはありましたか?」と質問します。すると、子どもは楽しかったことを話してくれます。「うれしかったことは?」と続けると、自分がうまくできるようになったこと、ほめられたことを教えてくれます。

「この頃、悲しかったことはある?」とか、「イライラしたことは?」といった質問には、「ない」という答えが普通です。

ところが、小学校も上の学年になってくると、悲しかったり、イライラしたエピソードが聞かれるようになってきます。このくらいの年頃になると、マイナスの体験が心に残るようになるといえます。

小さい頃は、子どもは前向きな楽しい記憶で心をうめて育っていくのでしょう。だから、積極的にいろいろなことを学び、できるようにもなっていくのだと思います。

マイナス体験から学ぶこと

ところが生きていくうえでは、楽しいことよりも、マイナス体験から学ぶことのほうが重要です。いやなこと、悲しいこと、危ないことを避けるためには、そのことを覚えておく必要があります。そして、繰り返さないようにします。そのほうが社会に適応するためには有効です。

悲しかったこと、イライラしたことを体験するようになった頃、子どもは大人の庇護《ひご》を離れ、ひとりで生きていく力を身につけるようになるともいえます。

しかし、なかには幼児でも、「悲しかったこと、イライラしたこと」を心に残し、それを話す子どもがいます。同じ子に「楽しかったこと、うれしかったこと」をきくと、「ない」という答えが返ってくることもあります。

マイナスの記憶は、幼児期から10歳くらいまでの子どもにとっては成長の足かせです。なにかを体験した後には、「楽しかったね」と伝え、子どもの気持ちを前向きにしたいものです。なにかができたときには、ほめながら「うれしいね」ということばを添えるようにしましょう。

☆同じような役割を持つ「関わりことば」

面白かったね／よかったね

関わりことば⑮

「残念、仕方がない」

気持ちをコントロールする力をつけることば

怒りや悲しみを、ことばでコントロールする

おかしいことがあると、厳粛な場面でもつい笑いだしそうになります。悲しいことがあると、泣いてはいけないと思っても自然に涙で目がうるみます。喜怒哀楽の感情は生きている証拠ですが、なかなかうまくコントロールできません。

大切なものが壊れたときに、人の気持ちは大きく揺れます。怒りや悲しみで、心のなかがいっぱいになったりします。このような持って行き場のない、おさまらない気持ちを、人はことばでコントロールするようになったのでしょう。

「残念」「仕方がない」は、怒りや悲しみのコントロールする役を果たすことばといえます。

子どもが大切にしていたものを壊したときには、注意や叱責はひとまずおき

ます。そして「残念、仕方がない」と話しながら、子どもが自分で気持ちを静められるようにしたいものです。

あきらめることを覚える

「人の一生は、喪失のときである」といいます。生きていくなかで、たくさんの大切な人や物と別れ、失っていくのは大人も子どもも同じです。「残念」ということばは、喪失の悲しみを乗り越えていく、そのきっかけを与えてくれるのではないかとわたしは思います。また「仕方がない」は、人生の無常を教えてくれます。

子どもはこれらのことばを聞きながら、あきらめることを覚えます。あきらめなければならないことがあることを体得します。そのことで、つらいことに耐える力もついてくるのでしょう。子どもを、ひと回りも、ふた回りも大きくしてくれることばともいえます。

「残念、仕方がない」は気持ちの切りかえをスムーズにしてくれる「切りかえことば」でもあります。「切りかえことば」を学んでいない子は、自分の気持ちにいつまでも振り回されてしまう可能性があります。

☆同じような役割を持つ「関わりことば」

こんどね／またね／静かに

関わりことば⑯

「だって」

考えをまとめ、相手の理解をうながすことば

子どもは理由をいおうとする

「ごはん、食べなさい」「お着替えしなさい」という大人の指示に対して、「いや」と答える子ども。2歳前後から見られだす姿です。

その子が2歳半ばくらいになると、「あとで」「眠いの」と答えるようになります。これは「あとでするから」「眠いから今はできない」という意味です。「いや」だけでは相手はわかってくれない、理由をいわなければだめなことを理解しはじめるのでしょう。自分と他者が分離しだし、自分の考えと相手のそれとは違う、ということをわかってくるからともいえます。

このあとに、「だって」ということばを使いだします。

ところが、「だって」に続く理由づけがうまく表現できません。このために「だってさ、だってさ」とことばにつまる場面も見られます。とはいうものの、理由を説明しようとの気持ちの高まりは大切にすべきです。

理由がうまくいえないことに気づいた子どもは、「どうして?」「なんで?」と大人に質問しはじめます。こうやって、相手に伝わる理由の表現法を学んでいるのでしょう。また行動する際には、子どもなりになんらかの理由が必要だと考えるようになってきます。

質問への答えと発達段階

「好きな食べ物はなんですか?」と子どもに尋ねてみました。

ある子が、「りんご」と答えました。こういう子は疑問詞でいえば、「なに・誰」にはおおむね答えられる段階といえます。

続けてその子に「どうして、りんごが好きですか?」と質問します。

これに「皮、むくの」と答える子どもがいます。これは「どうやって食べますか?」への答えです。おおむね3歳台の内容となります。

「好きだから好き」という子もいます。この答えは一見理由のようですが、質問の繰り返しであり、実際に相手に理解してもらおうという中身ではありません。これもまた3歳台の、幼い表現といえます。

質問に対する答えの内容は、発達の段階によって変化していきます。発達的な視点からいくつかに分け、段階を整理してみましょう。

①理由をいえない段階

理由を答えられない段階です。

②理由が相手への説明になっていない段階

「好きだから好き」「嫌いなの」と表現します。自分の感覚や経験からの話のみで一方的な内容です。一般的には3歳台の表現とされます。

③理由の内容が、一般的に考えて了解できる段階

「おいしいから」「面白いから」といった内容です。4〜5歳からこうした表現をするようになります。

④理由に他者が入る段階

「みんな好きだっていっている」「お母さんも欲しいって話してたよ」と自分だけの理由ではなく、他の人もそういう意見であることを強調しだします。考えに権威をつけるような内容です。小学生のはじめから中頃にかけて聞かれるようになります。

⑤理由を自分流に表現する段階

「以前、青森に行ったことがあって、りんごの花を見て、きれいだと思いました。健康にもいいと聞き、ますます好きになりました」など、体験や知識を入れたりして自分なりに考えた表現となります。小学校高学年から中学生にかけて増えてきます。

大人の理由が理解できない子ども

「おいしいから食べてごらん」「あと少しで終わるから、もうちょっとがんばろう」といったりすると、反発する子がいます。

人間は、理由なしには行動しないという暗黙の了解があるからかもしれませんが、大人のことばかけには無意識に理由が入ることが多いように思います。大人は、理由をいっているからわかるはず、従うべきだと思います。だから自信を持って話します。

ところが子どもの理解力によっては、大人の理由がわかりません。それで従わないでいると、「わかっているのにやらない」と大人は思い込みます。「どうしてやらないの?」と理由をききます。それが子どもをますます混乱させ、コミュニケーションが中断する原因になることもあります。

子どもの理解の段階によっては、「おいしいから」というよりも、「おいしいよ」といいながら、それらしい表情を大人が作り、「食べよう」とすすめたほうがよいでしょう。

「もう少しで終わるから」よりも、たとえば「五分でおしまい」といったほうがわかりやすく、「もうちょっと」ではなく、「五回やろう」が了解を得やすい子もいます。

要するに「理由」ではなく、子どもにその様子をじかに見せたり、区切りや回数を明確にいったほうが伝わりやすいということです。そして自分で取るべき行動を判断させます。

理由を二者択一で示す

「だって」に続けて、自分なりの理由がいえない子には、「Aは○○だから、Bは△△だから、どっちかな？」と理由を二者択一で示し、選ばせるようにするとよいでしょう。こうやると、確実に表現を学んでいく子がいます。

日常的に「どうして○○が好き？　おいしいから？　まずいから？　どっち？」ときいてあげたいものです。こうやって、自分の考えをまとめ、理由を説明できるようにします。

子どもが話す理由を通して、その子の考えを知ることができた瞬間は、子どもの内面に触れた新鮮さと驚きがあります。相手の理由を知る大切さを、痛感するときでもあります。

☆同じような役割を持つ「関わりことば」

〜だから／〜なので

関わりことば⑰

「さみしい」

人と関わりたい気持ちを強めることば

子どもの「さみしい」は「いっしょにあそんで」のサイン

はじめて子どもから「さみしいよ」といわれたとき、多くの大人はとまどってしまうことでしょう。小さな身体をした子どもの心のなかに、孤独を感じる気持ちが芽生えたことに驚くとともに、どう対応したらいいのかわからないからだと思います。ほとんどの場合、2～3歳の子が口にする「さみしい」は、大人の孤独感・寂寥感《せきりょうかん》とは違うようです。子どもの「さみしい」は、「いっしょにあそんで」という意味で使っているように思えます。

「さみしい」ということばが聞かれだすのは、友だちといっしょにあそぶことが増えてくる頃からです。誰かといっしょにあそぶのは楽しい、だから誰ともあそべないのはさみしいと感じるようになるのかもしれません。

逆にさみしいと思うようになるから、他の子を求める気持ちが強くなるのかもしれません。だから、いっしょにあそべるように順番を守ったり、ルールにあわせて行動できるようになるのでしょう。「さみしい」という気持ちが、他の子どもと行動をともにする際の接着剤の働きをするともいえます。

さみしさへの共感がやさしい行動へとつながっていく

子どもは、他の子とよくけんかをします。そんなときは、子どもの非について叱ったり、注意したりすることが必要です。ただ自分が悪くても、子どもがそれを認めないことがあります。そういうとき、わたしは「誰もあそんでくれなくなるよ、さみしくなるよ」と話すことがあります。

「さみしい」ということばは、相手のさみしさにも気づかせてくれます。「○○ちゃんは、ひとりであそんでいるよ。さみしいね。いっしょにあそんであげよう」といえば、子どもはあそぼうとするでしょう。さみしさへの共感が、やさしい行動へとつながっていきます。「さみしい」という気持ちは、人に集団や社会を形作らせる理由のひとつなのかもしれません。

column

万能選手にはなれない

「うちの子はヘンです。勉強しないし、友だちもいません」と、お母さんが疲れた表情で話しました。小学校四年生のときです。五年生のときには、「万引きしました。もう育てる自信がありません」。六年生になると、「ライターで火あそびしました。子どもが恐ろしくなりました」。そして中学一年では、「私のお財布からお金を盗みました。いつも緊張しながら暮らしています」と悩みはふくらむ一方です。

その子が中学三年生になりました。彼は、ある私立大学の付属中学に通っています。成績は中よりも上です。

私立の中学・高校では、勉強する生徒と、まったくしない生徒が二層化していると聞きます。勉強しない子は、授業に無関心、宿題もやらないとのことで

す。彼は、どちらかといえば勉強もしているほうです。ところがお母さんは「授業料をドブに捨てているようなものです。勉強しないので働けばいいと思います」と話します。

これまでお母さんには、男子の成長の姿を話してきました。ある調査によれば、18歳までに万引き、火あそび、飲酒や喫煙など法に触れる行為をする男子は、四人のうち三人いることも話しました。「非行」しないほうがめずらしいといってもいいくらいですが、ただ18歳以上でも続ける子は極端に少なくなるという事実も話しました。彼の今の行為が、将来「大悪人」になることにつながるわけではないと伝えてきました。

中学生になった彼は、グチを面白おかしく話します。先日は「父親と母親はいつも偏差値六十五以上。ぼくは最高で六十。永遠にかないませんよ」と笑ってグチっていました。

子どもは、万能選手のようにすべてできて当り前、という見方が強まっているのかもしれません。だからちょっと問題を起こすと、親が極端な反応をして

column

しまうことも多いようです。

考えてみれば、高校受験よりも私立大学入試のほうが受験科目の数は少なかったりします。なかには一科目という大学もあります。勉強が進み、学年が上がるにしたがって受験科目が少なくなるのは、ひとつには、人間はなんでもできるわけではない、ということを示しているように思います。あるいは、人は、なにかひとつでも打ち込むことができるものがあればいい、ということかもしれません。お母さんにはそう話しました。

最近やっとお母さんから、「ウチの息子は、じつは面白い子なんですよ」との話が聞けるようになりました。

関わりことば⑱

「怖い顔をしない」

ほかの人の感じ方を教えてくれることば

相手の気持ちをかき乱す感情とは？

ほかの人が、自分のいったことや行動をどう受け止めているのか、本当のところはよくわかりません。わからないから、直接、相手の気持ちをことばで尋ねることがあります。しかし、大半の場合は、相手の様子からその気持ちを推し量ろうとします。そうやって、わたしたちは相手の表情や態度を観察しながら、できるだけ相手の感情を混乱させないようにして、伝えたいことを表現しようとします。

相手の気持ちをかき乱す感情は、「喜怒哀楽」のうちでは「怒り」がもっとも強いように思います。自分の怒りは、相手の気持ちに影響を与えます。気持ちの乱れが適度であれば、さほどのストレスにはならないでしょう。しかし、すぐに怒りだすような人といっしょにいるのは、いつも緊張を強いられることにつながりかねません。

本人がいくら「怒っていない」といっても、こちらは怒っているように感じてしまうことがあります。そういう顔の表情、声の調子、ことばの表現があります。

相手の気持ちを想像する力

子どもは、自分の欲求に忠実です。欲求がすぐにかなわないといらつき、怒ったような態度が顔やことばに表れることがあります。子どもがそういう表情や大きな声、乱暴なことばを使ったときには、「そんな怖い顔をしない」「怒った声でいわない」とたしなめたいものです。そうやって相手がどう感じているかを伝えることによって、自分の感情をコントロールし、相手の気持ちを想像する力を育てます。

一方で、やさしく丁寧に表現できたときには、そのことを伝えます。そして、ほめてあげましょう。

子どもは、危ないことや、いけないことをよくやります。強く注意したり、ときには怒った口調でいわないと伝わらないことが少なくありません。ただ普段は、大人も笑顔で、やさしく丁寧な表現で、子どもに話しかけたいものです。

関わりことば⑲

「好き」

《自分という存在》に気づかせることば

好きという気持ちは人と人を結びつける

子どもが答えられないとわかっていながら、大人は「これ、好き？」と子どもにききます。

子どもが、あるものを「好き」と自分で判断し、いえるようになるのは、3歳前後からです。ただ、そのずーっと前から大人は子どもに「好き？」と尋ねます。子どもの意思を確認したいという欲求が、どうもわたしたち大人の側にあるようです。別の見方をすれば、大人からきかれるから、子どもは好きという気持ちに気づきはじめるのかもしれません。

ただひとたび「好き」がいえるようになると、大人がその気持ちを無視したときに子どもは猛然と怒ったりします。好きな人や物が違うから、他の子と自分は別の存在であり、自分が自分自身でありうるともいえます。それを軽視されるのは、子どもにすれば自分を否定されることと同じなのかもしれません。

好きな子ができると、その子といっしょにいて、同じことをしたがるようになります。真似することが格段に増えてきます。「好き」という気持ちは、人と人を結びつけてくれます。いっしょに話し合いができるようにもなります。「好き」という気持ちが、社会性を大きく伸ばしてくれます。

ときどき、ちょっと「嫌い」

一方で「嫌い」という気持ちは、人と人の関係をたち切ってしまいます。嫌いなことや人が多いと、生きていくのがとても窮屈《きゅうくつ》になります。だからでしょうか、子どもはだんだんと「嫌い」ということばを使わなくなります。使うときには、「ときどき」「少し」「ちょっと」ということばを先において、「嫌い」のことばが続きます。

こうやって「嫌い」でも、それは絶対的な、固定的な気持ちではないということを示します。

「嫌い」を頻繁に使う子は、たしなめる必要があります。「嫌い」ということばを使うと、相手を傷つけてしまいます。5歳前後になれば、「嫌い」といわれた子は、泣きだすことさえあります。たしなめないと、他の子との関係が悪くなり、仲間から相手にされなくなる可能性があります。

関わりことば⑳

「名前」

人への意識を確かなものにすることば

友だちの名前を知らない子

これは、不思議な現象といえるかもしれません。同じクラスの子ばかりでなく、いっしょにあそんだことのある子の名前を知らない子どもがいます。そして、知らないことを恥ずかしがるわけでもなく、平気な顔をして「(名前を)知らない」と答えます。

同じ子が、テレビやゲームのキャラクターについては、名前ばかりではありません、キャラクターにまつわるさまざまなことを知っていたりします。カードゲームでも同じことがいえます。

ところが、自分のまわりにいる他の子どもの名前は覚えようとせず、またその子に関係する事柄にも、強い関心を示さなかったりします。創られたキャラクターへの興味と知識、そういった気持ちが人間には向かないように感じられます。

子どもの友だちに関心を持とう

これは、現実の子どもと心ゆくまであそぶといった経験が少なすぎるからかもしれません。習い事などで忙しく、友だちを、ある時間帯の決められた場面でしか会わないし、あそばない存在と認識している可能性があります。

今の家には「客間」という名の空間はなく、外部の人間を招き入れることも少なくなりました。子ども同士互いに家にあそびにいくといった姿も減ってきました。

その一方で、テレビゲームやパソコンはいつでもあそべます。長い時間をいっしょに過ごす友だちのような存在です。子どもの意識としては、他の子とのあそびはコマーシャルタイムであり、ゲームこそが主なあそびとなっているのでは、とも思います。

だからこそ大人は、子どもの友だちに興味を持ち、いろいろな話を聞きながら、本当の人間とあそぶことの面白さを伝えるべきです。友だちの名前に興味を持ち、その子のことを子どもに尋ね、ゆっくりと話す時間を意図的に作る必要がありそうです。

関わりことば㉑

「おはようございます」

仲間への配慮を表すことば

集団にスムーズに入っていくために

オオカミは群れを作って生活します。そのオオカミが、仲間の群れに近づくときは、風上から入っていくそうです。においを風にのせ、自分の存在を相手に知らせます。また、声も上げるといいます。仲間に敵と思わせない、つまりは不要な警戒心を抱かせないようにするためです。

「おはよう」という挨拶は、オオカミの仲間入りの声と同じ役割を持つのかもしれません。自分は敵ではありません、警戒しないでくださいという合図です。

たとえば、朝、自分の部屋に「おはよう」なしで誰かに入ってこられると、唐突な感じ、侵入された気分になります。それが不愉快な感情にもつながっていきます。

大人が挨拶をするようにうながすのは、子どもに群れを意識させ、また群れにスムーズに入れるよう、その方法を教えているともいえます。子どもは無力ですから、乱暴な人の怒りを買えば思いもよらぬ仕打ちを受けるおそれがあります。危険を回避するためという意味もあるでしょう。

「おはよう」がいえない子

子どもは「おはようございます」といいながら、群れに入っていく勇気をかき立てているのかもしれません。集団のなかには楽しい相手ばかりではありません。怖い存在もいることでしょう。でも、入らないと、いっしょにあそんだり、活動したりすることができません。ひるむ心に勇気を与え、後押ししてくれるのが、「おはようございます」のことばなのだと思います。

何度注意されても「おはよう」がいえない子は、集団に入るときに緊張感が強いのかもしれません。だから、黙ってこっそりと、いつの間にかそこに入っていたいと願っているのでしょう。「おはようっていいなさい」と叱るよりも、大人は子どもの手を取って、いっしょに「おはよう」といってあげましょう。

ところで、オオカミには「さようなら」の合図はないそうです。それはきっと、「さようなら」は人間のみが持つ、別れを悲しむ気持ちから生まれたことばだからでしょう。

親子関係と他者の視点

Kちゃんは、軽い遅れを持つ6歳のお嬢さん。ルールの理解が十分でなく、他の子たちとのあそびの範囲は限られますが、楽しそうにしていて、泣いたり騒いだりすることはありません。

このKちゃんが、お母さんには一変した姿を見せます。いうことを聞かない、悪いことばを使う、自分の思いが通らないと泣いて騒ぎます。園での姿と大違いです。Kちゃんは一人っ子で、家ではほとんどの時間、母子二人だけで暮らしているそうです。

小学校五年のTくんは、普通学級で学んでいます。成績は中くらいですが、他の子たちとうまく付き合えず、ときどきトラブルを起こします。彼は一人っ子ですが、母親には大声で怒ったかと思うと、急にベタベタしたりするそうで

す。

Ｋちゃんも T くんも、外の世界での人間関係と、家での母親との関わり方に落差があります。もちろん、お母さんには甘えも出ます。他人と違って当然ともいえます。ただその違いが大きすぎます。お母さんにだけ、極端に統制のきかない状態を示します。こういう子は、心のなかに、いらだちや怒りを抱えているようにも見えます。

Ｋちゃんや T くんのような姿は、めずらしくありません。どちらもお父さんの存在感の薄さが共通点としてあげられます。

わずらわしさの少ない、自分たちだけの生活を確保する、これは人間の長年の夢だったのかもしれません。ただそれは大人の夢ではあっても、果たして子どもにとってよいことかどうか。Ｋちゃんたちの姿を見ていると、親子関係が育たない理由に、人との関係におけるルールのなさを感じるからです。

ここでいうルールとは、社会的なものの見方・考え方のことです。相手に対して、ここまでやったりいったりしてはダメ、という枠組みといってもよいでしょう。

この社会的な視点が、KちゃんとTくんには不足しています。家族に父親的な存在があれば、二人の親と子どもで三者関係となり、他者の考え方が持ち込まれます。たとえ親子でも、気持ちのコントロールや口のきき方などに一定の枠が生じるはずです。ところが二者関係では一般的な枠が生じにくく、Kちゃんたちのようにルールのない、不安定な人間関係になってしまうのでしょう。

話は変わりますが、介護保険の考え方の根底にあるのは「介護の社会化」でした。老人虐待など、家族介護の悲惨な実態を踏まえて生まれました。親子関係にも社会的な視点を存在させないと、密室のなか、互いの関係が成長していかず、おかしなものになる危険を感じます。現実的な対応策としては、親戚の人や仲のいい子を家に泊める、いっしょに旅行するなど、他者との積極的な交わりを親子関係に取り込むことが大切です。

子どもは、他人から叱られると、親の何倍も効果があります。他人はいつもいっしょにいない相手であり、だからなにをされるかわからない存在です。他

column

人から叱られるということは、ある意味社会からの警告ともいえ、子どもの育ちに必要だからこそ、何倍もの効果があるのでしょう。大人同士、子どもを注意する役を互いに受け持つのも一案です。

関わりことば㉒

「順番」

仲間集団を意識させることば

ルール学習の第一段階

子どもがことばの意味に注目するようになると、「関わりことば」を頻繁に使うようになります。この「順番」もそうです。

「順番だから?」「順番にするの?」「○○ちゃんの番」といった具合に使われます。そうやって確認するうちに、ことばの意味を理解するのでしょう。それまで頻繁に使っていた「順番」を、あまりいわなくなります。それと同時に、子どもの人や物との関わり方が変化していきます。「順番」ということばの意味が理解できるようになると、あそびの順番が守れ、列を作れるようになります。これらが自然にできるようになっていきます。

また、順番を意識しだすと、自分があそぶ仲間は誰かもわかってきます。そういう意識が出てくると、グループから離れてあそぶ子を注意したり、つれ戻しにいったりします。

順番に並ぶときには、相手が見えています。見えているから、順番に並ぶという行為は理解しやすいともいえます。

子どもは、あそびのルールを他の子と共有しながら、その中身を広げ、豊かにしていきます。この「ルールの共有」を学ぶときに、正誤がはっきりとした「順番」は、わかりやすい題材です。順番学習が、子どものルール学習のはじめの段階にあるのもうなずける気がします。

順番を守れない子

順番を守れない子は、あそびのルールを共有できない可能性があります。このためにいっしょにあそべません。

こうした子どもには、あそびのルールを理解させる前に、順番というルールをしっかりと教える必要があります。それができないと仲間に入れないかもしれません。

順番がわからない子には、日常の場面でも、列を作って「並ぶ」という場を設けるなどして、割り込みをさせず、順番を守ることを教えたいものです。

関わりことば㉓

「わざとじゃない」

人の内面に気づかせることば

「わざとじゃない」がわからない子

巡回相談でのこと。Yくん（5歳）の乱暴が目立つとの相談を受けました。園で見ていると、確かに動きが雑で、他の子とよくぶつかります。まわりの子に「Yくんってどんな子？」と質問すると、「『ごめんなさい』っていわない」と話してくれました。

5歳前後から子どもは、相手の行為が「わざと」か「わざとじゃない」かを、判断の際の重要な材料にしはじめます。ぶつかっても、わざとでなければ許します。このときに「わざとじゃない」ことの証しが、「ごめんなさい」のことばです。欧米では、身体がちょっと触れただけで、「アイム・ソーリー」や「イクスキューズ・ミー」といいます。相手になにか失礼があったとき、それがたとえ些細《ささい》なことであっても、「あなたに悪意は持っていません」ということを、きちんと表明する文化といえます。

Yくんは「わざと」と「わざとじゃない」の違いに気づいていないようです。だから、「ごめんなさい」のことばが出てきません。また「わざとじゃない」ことがわからないために、総じて相手の行為を悪意に取ってしまいがちです。「わざとやった」という誤解が、乱暴につながったりします。

Yくんには、「わざと」と「わざとじゃない」の二つがあること、わざとじゃないときには許すことや、「ごめんなさい」と謝ることを教える必要があります。

じつは、乱暴とされる子どものなかには、Yくんのように「わざと」と「わざとじゃない」がちゃんとわかっていない子がいます。いつも「わざと＝悪意」に解釈しがちです。

こういう子は、「みんながぼくのことをいじめる」と話したりします。大人が注意すると、「ぼくばかり怒られる」といったりします。

「相手はわざとじゃない。それなのに乱暴したのは悪い」と話しても、「わざとじゃない」がよくわかっていません。このために、怒られる理由が本当には理解できません。

簡単な劇を通じて理解させる

さて、「わざと」と「わざとじゃない」の区別を教える方法ですが、簡単な劇を通じて理解させるのもひとつです。

◎列を作る。そのときに子どもを後ろに立たせる。そして後ろに下がっていき、子どもにぶつかる。
◎椅子を運ぶ。わき見をしたときに子どもにぶつかる。
◎笑いながら歩き、子どもにぶつかる。
◎ボールをぶつける。

……こういう場面をいくつか演じてみせ、ぶつかったのが「わざと」か「わざとじゃない」かを判断させます。

「わざと」それとも「わざとじゃない」

後ろに下がっていって、
子どもにぶつかる

ボールをぶつける

「ごめんなさい」は、自分のやったことや、相手との関わりを振り返った結果、出てくることばでもあります。Yくんの問題は、理解面ばかりでなく、こうした「振り返る力」の弱さにもあります。振り返る力が弱いと、ことばづかいや行動などをなかなか修正できません。よく考えて行動するのも苦手となります。

こういう子の場合、日々の関わりのなかで、子どもの話をよく聞き、出来事や自分の気持ちなどを振り返る力を高めたいものです。今日はなにをしたか、昨日はどこに行ったかなどを質問し、振り返る習慣を身につけさせたいものです。

ところで、子どもは「わざと」の場合は、どうやって解決すればよいと考えるのでしょうか。成長するにつれ、謝罪だけではだめで、弁償や相応の罰を受けるべきだと考えるようになります。このことが、6歳くらいからわかりだします。

関わりことば㉔

「上手」

必ずできるという自信を持たせることば

目標を持って練習すれば、きっと上手になれる

子どもに、「大人になったらなにになりたい?」と質問します。ある時期までは、「仮面ライダー」や「セーラームーン」といった答えがよく返ってきます。ところがあるときから、「電車の運転手」や「看護婦さん」と答えるようになります。この変化の背景には、自分は今は子どもだけれども、いつか「必ず大人になる」という認識の成長があります。また、仕事や役割への理解が深まり、いろいろな仕事があることもわかってくるのでしょう。

もっとも大きな変化は、「目標を持って練習していけば、上手になれる」という気持ちが生まれることだと思います。今はできなくとも、将来必ずできるようになるとの確信。それが「電車の運転手」や「看護婦さん」への憧れとなり、また将来の夢へとつながっていくのだと思います。

そのためにも、大人は子どもが小さいうちは、身の回りのこと、たとえばボ

タンがうまく掛けられたときなどには「上手にできたね」とほめてあげましょう。三輪車やお絵描きなども、がんばったときには「上手になったね」とほめてあげます。そうやって、ほめて育てます。

「嫌い」は使わなくなり、「苦手」と表現する子どもも

「嫌いなことや人が多いと、生きていくのが窮屈《きゅうくつ》になる」と前に述べました。子どもはある時期から、たとえ今は嫌いなことでも、がんばって取り組んで「上手になるほうがいい」という価値判断をしはじめるようです。これが影響してか、「嫌い」とストレートにいわなくなります。「嫌い」は使わなくなり、「苦手」と表現するようになる子どももいます。

「上手になりたい、自分はなれる」と意識する頃こそ、「電車の運転手」や「看護婦さん」という答えが返ってくるようになる時期でもあります。おおむね4歳台に起こる「変身」の姿です。

子どもに自信を持って生きてもらいたい、これは大人の願いでもあります。表現を変えれば、「今はできないけれども、努力すれば必ずできるようになる」と、そう自分に対して思えるようになってもらいたいということでもあります。自分自身への信頼感、これが自信の源といえます。この気持ちを育てていくのが、まわりからの「上手」という肯定的な評価だと思うのです。

☆同じような役割を持つ「関わりことば」

すごい／がんばった／よくできた

関わりことば㉕

「さようなら」

未来のことを想像させることば

子どもにとって、さようなら＝こんにちは

子どもが電車や車のなかにいる人に向かって手を振ります。幼児期から小学校低学年の子どもが好きなことのひとつです。子どもはバイバイと手を振りながら、笑っています。ニコニコしています。

一方で、身近な人が亡くなり最後のお別れの場面で、「さようならをしなさい」といっても、頑としてやらなかったりします。

「さようなら」というとき、大人にはもう会えないかもしれないという思いがあります。なにが起こるかわからないのが人生、最後の別れとなる可能性がいつもあります。

ところが、子どもは笑って「バイバイ」します。これは、すぐにまた会えると思っているからだといわれます。「さようなら＝こんにちは」に近い理解をしているのでしょう。

ところが、亡くなった人はもう帰ってはきません。「こんにちは」といいながら再会することはもはやなく、だから「さようなら」を使えないのかもしれません。

繰り返される安定した日々こそが、子どもの発達をうながす

子どもは、本質的に臆病で変化に弱い面があります。ですから特別の行事や家族での旅行などは、何日も前から話しておく必要があります。子どもは、突然の変化への心配や不安が強いからです。繰り返される安定した日々、それこそが子どもの発達をうながします。

なお、「さようなら」ということばを教えながら、「また会えるからね」とつけ加えたいものです。「さようなら」はひとつの区切りであるとともに、「さようなら＝こんにちは」という、子ども独特の理解にそって話します。

子どもは再会を期待しながら、同じように繰り返される未来に安心もするで

しょう。「今度会ったときに、またあそんだりお話ししよう」といえば、楽しい情景を想像する力も伸びていきます。

関わりことば㉖

「ありがとう」

感謝の気持ちを教えることば

大人は折に触れ、「ありがとう」というべきときを教える

子どもがまだ十分に意味を理解できない年齢から、大人が繰り返し教えることばがあります。「関わりことば」の多くは、そうしたことばです。そのなかでも「ありがとう」は、早い時期から大人が教えようとすることばです。

「あげる―もらう」の項で述べましたが、「もらう」の理解と合わせて「ありがとう」を使いだします。とくに物をもらったときなどは、「もらった」という行為が理解しやすいのでしょう。「ありがとう」がいえるようになります。

「もらう」のは物ばかりではありません。心配りの動作や気づかいのことばも、ほかの人にしてもらうことのひとつです。子どもは微妙な心配りの意味などはわからないので、大人は折に触れ、「ありがとう」というべきときを教えます。

物から出発し、相手の気持ちや考えへの洞察と、子どもの理解は進んでいき

ます。

なかには、なかなか「ありがとう」がいえない子がいます。こういう子は人の気持ちや考えにうとく、丁寧に教えていく必要があるといえるでしょう。

大人は「ありがとう」を教えることで、実際には見えない相手の気持ちや考えに目を向けるよう子どもにうながしているともいえます。「ありがとう」は、人の内面に気づかせ、理解を深めることばでもあるのです。

互いの存在を「ありがとう」と思えること

ただ「ありがとう」は、してもらったときにだけ使うのではなさそうです。感じる自分、考える自分、人と関わっている自分、そういうものすべては、自分が「存在」するから現実の出来事となります。人間同士の傷つけ合いは、互いの存在を「ありがとう」と思えない状態から起こるのでしょう。存在そのものへの感謝こそ、「ありがとう」の本来の意味ではないかと思います。

「ありがとう」の気持ちがあってはじめて、心に平和が訪れ、豊かな気持ちで幸せを感じることができる。大人が子どもに伝えるべきことは、このことなのかもしれません。

おわりに

はじめてわたしが担当した3歳の子どもが、30歳を越える年齢になりました。この仕事を始めてから、三十年が経ったことになります。

この間に、多くの子どもたちと出会いました。幼児期から始まった付き合いが、大人になった今も続いている人もいます。

関わってきた子どもは、途中までは自閉的な傾向や知的障害を持つ子が大半でした。それが、ADHD（注意欠陥・多動性障害）やアスペルガー症候群といった子どもや青年たちへと広がり、今では発達障害とはいえない、いわゆるボーダライン（境界線）上の子どもや青年までもが対象となっています。

この十数年持ち続けた疑問は、子どもが青年・成人期になったときの姿の違いです。同じ障害、同じような理解レベルなのに、大人になったときの姿に大きな差を見ることがあります。
幼児期には同じように見えた二人が、一方は社会で働き、休日を仲間と楽しんでいます。一方は作業所で働くことも続かず、引きこもって暴れ、家族からも疎《うと》まれています。なかには理解力もあり、偏差値の高い私立学校に通う青年もいます。たくさんのことを知っているのに、しかし、社会には適応できません。

生き生きと当たり前に暮らせるかどうかは、身辺自律の技能や、知識や理解力といったものだけによるのではないと思うようになりました。

ある日、絵カードでものの名前を教えながら、「いっしょにね」と子どもに話している自分に気づきました。

確かに、日常生活で名詞をたくさん知っていると便利です。だから絵カードを使って名詞を教える指導をします。ただその場面で、ものの名前を教える以上に大切なことを伝えていることに気づきました。「いっしょに」「できた」「そっと」などのことばです。

そういうことばこそ、子どもの成長に影響力を持つと考えるようになりました。それらのことばは、人や物への見方、あるいは自分自身との付き合い方を教えてくれるからです。そして、それらのことばを知っているかどうかが、青年・成人期の姿に大きな差を生む一因になるのではないかと考えるようになりました。

こういうことばを「関わりことば」と命名し、集めていきました。「関わりことば」は、知識ではなく、社会を営む人間にとって知恵とでも呼ぶべきことばです。子どもは「関わりことば」を知ったとき、マイブームのようにそのことばを使いだすことがあります。ところが、それがいつの間にか聞かれなくなります。新しい認識の仕方を知恵として会得、体得したからではないかと思います。

現在、不適応状態を示している子どもや青年についても、「関わりことば」の視点から原因を見直すことをおすすめします。どうしてうまくいかないのか、それに対する新しい見方を与えてくれるでしょうし、関わりへのヒントを示してくれるはずだからです。

ノーベル平和賞を受賞したケニアのワンガリ・マータイさんは、環境保護を訴え「MOTTAINAI」という考え方を広めています。「もったいない」は、日本人にとってはごく身近な考え方です。ところが、その意味を持つ英語やスワヒリ語はないといいます。「もったいない」という考え方は、世界共通に存在するものではありません。だから「MOTTAINAI」と表記されています。この「もったいない」もまた、人や物への認識の仕方を示す「関わりことば」のひとつです。教えなければ子どもには一生わからない、ものの見方といえます。「関わりことば」は、大人が意識して伝えていくべきことばなのです。

「関わりことば」という考え方は、言語聴覚士や心理の仕事をする身近な仲間と話し合うなかでまとまってきました。そして、いくつものことばが候補となり、選ばれていきました。

「関わりことば」に気づかせてくれたのは、自分の二人の子どもをはじめとし、現在、わたしが関わっている多くの子どもや青年たちです。本書では二十六の「関わりことば」を紹介しましたが、「関わりことば」は、もっともっとあるように思います。引き続き、これからも探していきたいと思っています。

本書の出版は、鈴木出版の永吉さんのご理解なくしては実現できませんでした。永吉さんとは、わたしがまだ倉庫のようなところで療育をしていた頃に出会いました。偉ぶることのない永吉さんとのお付き合いは、子どもたちとの付き合いとほぼ同じ年月となりました。

また、今回編集を担当していただいた近藤雅尾さんには、素晴らしいセンスと情熱で一冊の本にしていただきました。心からお礼申し上げます。

この本をきっかけとして、「関わりことば」という考え方が広がり、生きていくための本当の知恵が子どもに伝えられることを心から祈っています。

湯汲英史

(公社)発達協会のご案内

★公益社団法人　発達協会

〒115-0044 東京都北区赤羽南 2-10-20　Tel.03-3903-3800　Fax.03-3903-3836

いのちを守り、育て、充実させるために

発達にハンディキャップを持つ人たちの、さまざまな形での自立を促すことを目的として発達協会は設立されました。

発達にハンディキャップがあるといってもその内容は多様です。しかし一人一人のハンディキャップは確実に存在し、科学が進歩してもまだそれらをなくせません。生ある限り続くハンディキャップを背負いながら、今日もその重みを、本人と家族がにない、歩いています。それを少しでも軽減したい、そして、持てる力を十分に発揮してもらいたいと、私たちは願っています。

発達協会は特定の主義や立場をこえ、ハンディキャップを持つ人々をみんなで支えあい、その有無にかかわらず、人が人として認められる世界がくることを求めながら、日々の活動を行っています。

●多彩な活動でバックアップ

・乳幼児からの療育事業 ……………… 療育指導、相談
・広報・啓発事業 ……………………… 月刊『発達教育』を発行
各種セミナー・講座を開催
・医療事業（王子クリニック）……… 保険診療／健康診断

★（公社）発達協会　王子クリニック

※診療はご予約ください。
Tel.03-3903-3311

院　　長　石﨑朝世（小児科・小児神経科）

小 児 科　一般的な感染症の治療をはじめとして、発達や栄養のことについてもご相談に応じます。育児についてもご相談ください。

内　　科　一般的な内科治療を、身体にやさしい漢方治療を中心に行います。アトピー性皮膚炎や喘息の治療も行っています。

精神小児科
精 神 科　主に自閉症や多動性障害（ＡＤ/ＨＤ）、知的障害などの発達障害や、社会性や行動に問題のある子どもたちの診断・治療や指導・相談を行っています。
また、ことばが遅れている、歩かないなどの発達の遅れや、てんかん、チックなどさまざまな神経系の疾患も対象です。

《著者略歴》
湯汲英史（ゆくみ えいし）
早稲田大学第一文学部心理学専攻卒
早稲田大学前客員教授
（公社）発達協会王子クリニック リハビリテーション室
同協会常務理事、言語聴覚士、精神保健福祉士
主な著書に、『「わがまま」といわれる子どもたち』（鈴木出版）
『「自閉的」といわれる子どもたち』（鈴木出版）
『なぜ伝わらないのか どうしたら伝わるのか』（大揚社）
『発達障害を持つ子への保育・子育て支援』（明治図書）などがある

◆発達協会ホームページ
http://www.hattatsu.or.jp/
◆関わりことばの会ホームページ
http://www.kakawarikotoba.com/
◆鈴木出版ホームページ
http://www.suzuki-syuppan.co.jp/

カバーデザイン 森近恵子
（アルファデザイン）
カバー&本文イラスト 山岡小麦
編集担当 近藤雅尾

子どもが伸びる 関わりことば26 ―発達が気になる子へのことばかけ―

2006年2月10日 初版第1刷発行
2017年12月20日 初版第11刷発行

著 者 湯汲英史
発行人 鈴木雄善
発行所 鈴木出版株式会社
〒113-0021 東京都文京区本駒込6-4-21
電 話 03-3945-6611 FAX 03-3945-6616
振 替 00110-0-34090
印刷所 図書印刷株式会社

ISBN978-4-7902-7190-1 C0037
落丁・乱丁本は送料小社負担でお取り替え致します。（定価はカバーに表示してあります）

子育てが楽になることばかけ
関わりことば 26

(公社) 発達協会 常務理事　湯汲英史／著
四六判　224頁　1,600円＋税

『子どもが伸びる　関わりことば26』をコミック（まんが）版にリニューアル。園や家庭など、シチュエーション別に、子どもへのことばかけ事例を楽しいコミックにして解説します。

気持ちのコントロールが苦手な子への
切りかえことば 26

(公社) 発達協会 常務理事　湯汲英史／著
四六判　160頁　1,600円＋税

『感情をうまく伝えられない子への 切りかえことば22』に新しいことば追加して再編集。気軽に読めるコミック（まんが）を盛り込み、さらにわかりやすくなりました。